Vente des 30 et 31 Mars 1866

COLLECTION

DE FEU

M. DAIGREMONT

TABLEAUX ANCIENS

ITALIENS, ESPAGNOLS & FRANÇAIS

EXPOSITION PUBLIQUE

Le Jeudi 29 Mars 1866

DE UNE HEURE A CINQ

MM^{es} H. GAUTHIER et Ch. PILLET,

Commissaires-Priseurs

M. DHIOS, Expert

EXEMPLAIRE DE DHIOS

PARIS. — IMPRIMERIE PILLET FILS AINÉ

5, RUE DES GRANDS-AUGUSTINS

CATALOGUE

de

TABLEAUX ANCIENS

DES ÉCOLES

ITALIENNE, ESPAGNOLE, FLAMANDE & FRANÇAISE

COMPOSANT LA COLLECTION DE FEU

M. DAIGREMONT

DONT LA VENTE AUX ENCHÈRES PUBLIQUES AURA LIEU

PAR SUITE DE SON DÉCÈS

HOTEL DROUOT, SALLE N° 1

les Vendredi 30 et Samedi 31 Mars 1866.

A DEUX HEURES

Par le ministère de MM^{es} **CHARLES PILLET** et **HENRY GAUTHIER**,

Commissaires-Priseurs,

Assistés de M. **DHIOS**, Expert, 33, rue Lepelletier.

EXPOSITION PUBLIQUE

le Jeudi 29 Mars, de 1 heure à cinq heures.

CONDITIONS DE LA VENTE

Elle sera faite au comptant.

Les adjudicataires payeront *cinq pour cent* en sus des enchères.

L'exposition mettant le public à même de se rendre compte de l'état des objets, il ne sera admis aucune réclamation une fois l'adjudication prononcée.

Paris. — Imprimerie de Pɪʟʟᴇᴛ fils aîné, rue des Grands-Augustins, 5.

DÉSIGNATION

ALBANE (École de l')

1 — La Mort d'Adonis.

ANDREA DEL SARTE (Attribué à)

2 — La Vierge, l'Enfant Jésus et Saint Jean.

Bois. Haut. 74 cent. 1/2, larg. 61 cent

BOURGUIGNON

3 — Choc de Cavaliers.

BOURGUIGNON

4 — Combat de Cavaliers.

BRONZINO

5 — Portrait de Femme avec un Enfant.

CANALETTO, Antonio dit Canal (Attribué à)

6 — Deux Vues de Venise.

Tableaux faisant pendants.

7 — Ville maritime.

CARLE MARATTI (École de)

8 — La Vierge immaculée.

CARLO CIGNANI

9 — L'Amour vidant une Corbeille de fleurs.

CARRACHE (Louis)

10 — Martyre de saint Laurent.

CARRACHE (Attribué à)

11 — La Correction de l'Amour.

CARRACHE (École des)

12 — Saint Jean-Baptiste.

13 — Motif de Plafond.

14 — Sujet mythologique.

15 — Martyre d'une Sainte.

16 — Nymphe surprise par un Satyre

17 — Tête de Madeleine.

18 — Polyphème.

CARAVAGE (M. A.)

19 — Martyr.

Etude

CARAVAGE (École de)

20 — Tête de Guerrier.

21 — Femme portant un Enfant dans ses bras.

CORRÈGE, Antonio Allegri, dit le (Attribué à)

22 — La Vierge allaitant l'Enfant Jésus.

Toile. Haut. 56 cent.; larg. 42 cent. 1/2.

23 — Groupe d'Anges.

24 — Amour.

CORRÈGE (D'après le)

25 — Jupiter et Léda.

CRESPI

26 — Portrait d'un Religieux.

DOMINIQUIN

27 — Concert spirituel.

Jolie composition de cinq figures de jeunes femmes.

DOMINIQUIN (École du)

28 — Tête de Madeleine.

29 — Le Massacre des Innocents.

30 — Tête de Saint.

GAROFFOLO (Attribué à)

31 — Vierge et Enfant Jésus.

GUASPRE (Genre de)

32 — Paysage historique.

GUERCHIN

33 — Tête d'Homme coiffée d'une toque avec plumes.

34 — Buste de jeune Fille.

35 — La Madeleine repentante.

GUERCHIN (Attribué à)

36 — David vainqueur de Goliath.

GUERCHIN (Ecole de)

37 — Sainte Véronique.

38 — La Mort de Cléopâtre.

GAUDENZIO FERRARI

39 — La Vierge, Jésus et saint Jean.

GUIDE (École du)

40 — La Madeleine.

41 — Saint Sébastien.

42 — Tête de Sainte.

43 — Concert spirituel.

44 — Cléopâtre.

LAURY (Philippe)

45 — Le Sommeil de Vénus.

ORIZONTI

46 — Paysage avec Figures.

47 — Paysage historique.

PARMESAN (École du)

48 — Flore.

49 — La Circoncision.

50 — Les Trois Grâces.

PIETRE DE CORTONE

51 — Femmes à la Fontaine.

PRIMATICE

52 — Les Trois Grâces.

53 — Portrait de Jeune Femme.
Allégorie de la Gourmandise.

RAPHAEL (Ecole de)

54 — Le petit saint Jean.

ROSE DE TIVOLI

55 — Chèvre et Bouc.

ROSSO

56 — Pluton, Vénus, Cérès, Diane et Jupiter. Cinq tableaux.
Ces cinq tableaux pourront être divisés.

Bois. Haut. 54 cent. 1/2, larg. 27 cent. pour les 5 tableaux.

SACCHI (Andrea)

57 — Sainte Catherine.

SALVATOR ROSA

58 — Glaucus et Scylla.

Toile. Haut. 91 cent.; larg. 70 cent.

SALVATOR ROSA (Genre de)

59 — Soldats au milieu de Rochers.

SCHIDONE (Bartholomeo)

60 — Suzanne et les Vieillards.

Toile. Haut. 29 cent.; larg. 23 cent. 1/2.

SCHIDONE (Attribué à)

61 — La Mise au Tombeau.

TEMPESTA

62 — Paysage avec Bergers conduisant leurs Troupeaux.

TIEPOLO (Attribué à)

63 — Le Baptême du Christ.

Esquisse.

TINTORET

64 — Moïse sauvé des eaux.

TITIEN (Ecole du)

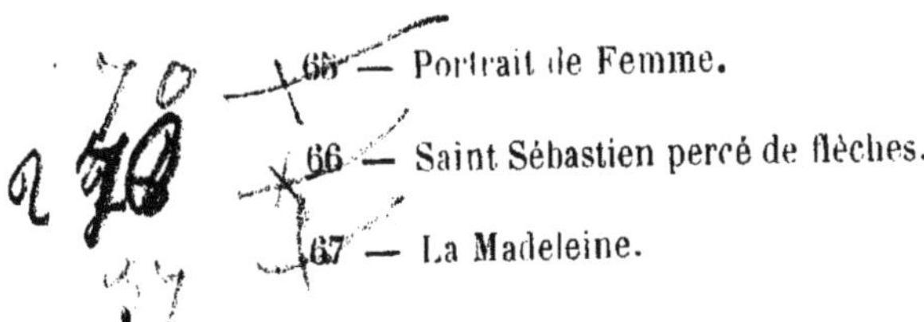

65 — Portrait de Femme.

66 — Saint Sébastien percé de flèches.

67 — La Madeleine.

VALENTIN

68 — Tête d'Homme, joueur de flûte.

VALENTIN

69 — Portrait d'un Musicien tenant un cahier de musique.

VASARI (Attribué à)

70 — Le Dante.

VÉRONÈSE (Attribué à)

71 — Danaë.

ÉCOLE BOLONAISE

72 — Apollon et les Bacchantes.

73 — Saint Jean l'Évangéliste.

74 — Moine en extase.

75 — David vainqueur de Goliath.

76 — Martyre d'une Sainte.

77 — Saint Sébastien persé de flèches.

78 — L'Annonciation.

79 — Saint Jean.

ÉCOLE FERRARAISE

80 — Repos de la Sainte Famille pendant sa fuite en Égypte.

ECOLE ITALIENNE

81 — Saint Jean.

82 — Mariage mystique de sainte Catherine.

83 — Le Christ mort sur les genoux de la Vierge.

84 — Le Père Éternel.

85 — Mort d'Adonis.

86 — Enfant endormi.

87 — Hercule et Antée.

88 — Vénus et l'Amour.

89 — Sujet historique.

90 — Guerrier et Bacchante.

ÉCOLE ITALIENNE

91 — Madeleine au milieu d'un Paysage.

92 — Nymphe sortant du bain.

93 — La Vierge et l'Enfant Jésus.

94 — Anges apparaissant à la Madeleine.

95 — Martyre d'un Saint.

96 — Martyre de saint Sébastien.

97 — Mort de Lucrèce.

98 — Tête de Prophète.

99 — Paysage avec Bergers faisant de la musique.

100 — Mercure endormant Argus.

101 — Enfant avec un Chien.

102 — Allégorie.

103 — Têtes d'Anges.
Deux pendants.

104 — L'Amour appuyé sur une tête de mort.
Allégorie.

105 — Tête d'Ange.
Allégorie de la Justice.

ÉCOLE ITALIENNE

106 — Paysage avec figures, effet d'orage.

107 — Nymphe chasseresse. Eurydice.

108 — Persée délivrant Andromède.

109 — Mercure coupant la tête de Méduse.

110 — Suzanne et les Vieillards.

111 — Tête de saint Laurent.

112 — La Madeleine.

113 — Sainte Famille.

114 — Jésus parmi les Docteurs.

115 — Tête d'Homme.

ÉCOLE DE PARME

116 — La Toilette de Vénus.

117 — Nymphe et Amour.

118 — Vénus et l'Amour.

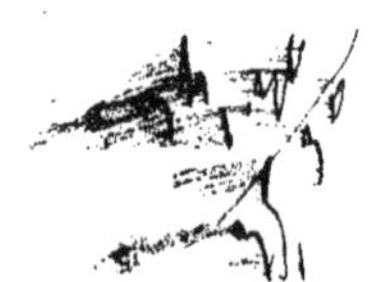

ÉCOLE DE PARME

119 — Têtes d'Anges.

120 — La Mort de la Madeleine.

121 — Tête d'Enfant.

122 — Sainte Famille.

123 — La Vierge et Jésus.

124 — Madeleine.

ECOLE ROMAINE

125 — Mars et Vénus.

126 — Saint Jean en adoration devant l'Enfant Jésus.

ÉCOLE VÉNITIENNE

127 — Tête de Femme.
Étude.

ÉCOLE VÉNITIENNE

128 — Jésus et la Samaritaine.

129 — La Maîtresse du Titien.

130 — Mariage mystique de sainte Catherine.

131 — Tête d'Homme coiffée d'une toque rouge.

132 — Saint François Xavier.

133 — La Prédication de saint Jean.

134 — Vénus et l'Amour.

135 — Tête de Jeune Garçon.

ÉCOLE ESPAGNOLE

ALONZO CANO (Attribué à)

136 — Le Christ en croix.

HERRERA (LE VIEUX)

137 — Saint François Stygmate.

MORALÈS (Attribué à)

138 — Le Christ au roseau.

MURILLO (Bartolomé Esteban)

139 — Intérieur d'une Cuisine espagnole.

Toile. Haut. 47 cent. 1|2, larg. 65 cent.

RIBEIRA (École de)

140 — Tête d'Homme.

141 — Tête de Moine.

142 — Saint Barthélemy.

VÉLASQUEZ DE SILVA, Don Diégo (Attribué à)

143 — Portrait de l'Infant don Balthazar.

Toile. Haut. 36 cent. 1/2, larg. 30 cent. 1/2.

LE MEME

144 — Portrait de Femme.

Toile. Haut. 63 cent. 1/2, larg. 49 cent. 1/2.

LE MÊME

145 — Son Portrait.

Toile. Haut. 88 cent.; larg. 78 cent.

VÉLASQUEZ (École de)

146 — Portrait d'Homme tenant un Perroquet.

147 — Le Pleureur.

ZURBARAN (École de)

148 — Saint François en prière.

ÉCOLE ESPAGNOLE

149 — La Sainte Face.

150 — Saint.

ÉCOLE ESPAGNOLE

151 — Apparition de la Vierge à un Saint.

152 — Tête de Vierge.

153 — Portrait de Jeune Femme.

154 — Saint François en prière.

155 — Exercices gymnastiques.

156 — Le Christ à la colonne.

157 — Portrait d'un Gentilhomme.

158 — Portrait de Femme.

159 — Moines soignant des malades.

160 — Sainte en prière.

161 — Tête de Moine.

162 — Joueur de flûte.

ÉCOLE FRANÇAISE

ALLEGRAIN

163 — Paysage. effet de Soleil couchant.

BRUANDET

164 — Paysage orné de Figures et Animaux.

DAGNAN

165 — Vue d'un Pont en ruine.

GREUZE

166 — Jeune Garçon.

GRIMOUX (D'après Rembrandt)

167 — Tête d'Homme.

GUDIN (F.)

168 — Paysage. Marine.

LEBRUN (École de)

169 — Le Christ en croix.

STELLA

170 — La Vierge allaitant l'Enfant Jésus.

171 — Fuite en Égypte.

VOUET (Simon)

172 — Mort de Cléopâtre.

ECOLE FRANÇAISE

173 — Nymphe et Satyre.

174 — Odalisque.

175 — Europe et Jupiter.

176 — Henri IV.

ÉCOLE MODERNE

177 — Étude de Cheval.

178 — La Moissonneuse.

179 — Paysage.
Étude.

180 — Jeune Fille.
Pastel.

181 — Vue d'un Lac.

ÉCOLES

FLAMANDE & HOLLANDAISE

BRAEKENBURG (Attribué à)

182 — Rixe de Villageois.

BRAWER (Manière de)

183 — Scène familière.

DUC (D'après JEAN LE)

184 — Bivouac.

DYCK (École de VAN)

185 — Groupe d'Amours.

186 — Christ en croix.

187 — La Madeleine.

DYCK (D'après VAN)

188 — Charles Iᵉʳ.

GOLTIUS

189 — La Renommée.

COYEN (Attribué à Van)

190 — Paysage de Hollande au bord d'une Rivière.

GOWAERT FLINCK (Attribué à)

191 - Tête de Vieillard.

HONTORST (Gérard)

192 — Concert vocal.

JORDAENS (J.)

193 — Silène.

LAAR (Pierre Van)

194 — Paysan conduisant un Cheval.

LÉLY (le Chevalier)

195 — Portrait d'une Dame de distinction.

196 — Portrait d'un personnage du temps de Louis XIV.

LÉLY (Attribué au Chevalier)

197 — Portrait de Jeune Femme. Époque de Louis XIV.

METSIS (D'après)

198 — Le Phrénologiste.

MIEL (Jean)

199 — Halte de Chasseurs.

200 — Villageoise endormie.

MOOR (Carle de)

201 — Un Berger.

MOUCHERON (Genre de)

202 — Vue d'un Parc.

NEER (Van der)

203 — Marine, effet de nuit.

RUBENS (D'après)

204 — Vierge et Enfant Jésus.

UDEN (Attribué à Van)

205 — Paysage.

ÉCOLE ALLEMANDE

206 — Le Christ montré au peuple.

207 — La Madeleine repentante.

208 — Sujet biblique

209 — Le Christ montré au peuple.

ÉCOLE FLAMANDE

210 — La Madeleine.

211 — Fruits posés sur une table.

212 — Le Christ en croix.

213 — La Vierge et l'Enfant Jésus.

214 — Saint lapidé.

215 — Le Christ montré au peuple.
    Grisaille,

216 — Sainte Famille.

217 — Un Ermite, effet de lumière.

218 — Saint, écrivant.

219 — Tête de Buveur.

220 — Saint Charles Borromée.

221 — Deux Dames avec leurs Cavaliers font de la musique
au milieu d'un paysage.

ÉCOLE HOLLANDAISE

222 — Intérieur d'un Temple protestant.

223 — Portrait de Femme.

ÉCOLE GOTHIQUE

224 — Le Christ au roseau.

Peinture sur fond d'or.

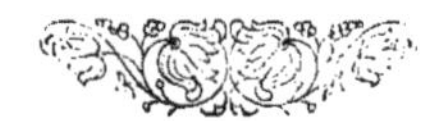

272-66 — [illegible handwritten note]